과감히 맞서는 모든 이들에게, 그리고 무언가를 바꾸기 위해
오늘도 권력에 맞서는 이들에게 —가브리엘라 친퀘

로안에게 —바밀

가브리엘라 친퀘 1988년 이탈리아 나폴리에서 태어났다. 이탈리아 피렌체에서 그래픽 디자이너 겸 카피라이터로 일을 시작했으며, 피렌체 대학교와 네모 예술 아카데미를 졸업했다. 글쓰기 워크숍·거리 예술·바디 아트·웹 디자인 등 다방면으로 활동하다가 프랑스 파리로 이사하여 현재 작가·디자이너·일러스트레이터로 일하고 있다. 『그레타 툰베리, 세상을 바꾸다』는 프랑스에서 낸 첫 그림책이다. www.gabriellacinque.com

바밀 1991년 스위스에서 태어났다. 제네바 예술 학교를 졸업했으며, 일러스트레이션과 스토리텔링에 매진하여 공부했다. 〈BD-Fil 코믹 페스티벌〉 '내일의 만화가' 콘테스트에서 공개 상을, 제네바의 신인 작가들에게 주어지는 토페 상을 수상하며 그 예술성을 인정받았다. 현재 스위스 프리부르에서 살고 있으며 그린 책으로는 『봉주르, 봉수아』, 『그레타 툰베리, 세상을 바꾸다』 등이 있다. www.vamille.com

이지수 숙명여자대학교에서 프랑스어를 전공하고, 2009년 서울시 주최 '해치 창작 동화' 공모전과 2011년 환경부 주최 '나무로 만든 동화' 공모전에 동화가 당선되어 창작 활동을 시작했다. 아동청소년문학을 쓰고 번역하며 어린 독자들의 유년 시절을 살찌울 재미난 책들을 만들고 있다. 옮긴 책으로 『노인들』, 『시몽의 아빠』가 있으며, 지은 책으로는 『이회영, 전 재산을 바쳐 독립군을 키우다』, 『쥐구멍에 숨고 싶은 날』 등이 있다.

〈지구를 살리는 그림책〉 함께 읽어 보세요!

❶ 지구를 살리는 위대한 지렁이 ❷ 아마존 열대 우림의 속삭임 ❸ 지구 생태계의 왕 딱정벌레
❹ 플라스틱 병의 모험 ❺ 빙빙빙 지구 소용돌이의 비밀 ❻ 지구의 파란 심장 바다
❼ 멸종하게 내버려 두면 안 돼 ❽ 알루미늄 캔의 모험 ❾ 그레타 툰베리, 세상을 바꾸다
❿ 지구 지킴이 레이첼 카슨 ⓫ 모두모두 함께라서 좋아 ⓬ 넌 할 수 있을 거야
⓭ 플라스틱 빨대가 문제야 ⓮ 북극곰 살아남다 ⓯ 지구 최고의 수영 선수 바다거북
⓰ 궁금해 거북이 궁금해 ⓱ 우리들의 작은 땅

지구를 살리는 그림책 9

그레타 툰베리, 세상을 바꾸다

펴낸날 초판 1쇄 2021년 1월 5일 | 초판 4쇄 2024년 10월 25일
지은이 가브리엘라 친퀘 | **그린이** 바밀 | **옮긴이** 이지수
펴낸이 신형건 | **펴낸곳** (주)푸른책들·임프린트 보물창고 | **등록** 제321-2008-00155호
주소 서울특별시 서초구 양재천로7길 16 푸르니빌딩 (우)06754 | **전화** 02-581-0334~5 | **팩스** 02-582-0648
이메일 prooni@prooni.com | **홈페이지** www.prooni.com | **인스타그램** @proonibook | **블로그** blog.naver.com/proonibook
ISBN 978-89-6170-794-7 77400

GRETA CHANGE LE MONDE by Gabriella Cinque, illustrated by Vamille
ⓒ 2020 Éditions Sarbacane, Paris
All rights reserved.
Korean translation copyright ⓒ 2021 by Prooni Books, Inc.
Korean translation rights arranged with La Petite Agence, Paris through EYA(Eric Yang Agency)
이 책의 한국어판 저작권은 EYA(Eric Yang Agency)를 통해 La Petite Agence, Paris와 독점 계약한 (주)푸른책들이 소유합니다.
저작권법에 의하여 한국 내에서 보호를 받는 저작물이므로 무단 전재 및 복제를 금합니다.

＊잘못된 책은 구입한 곳에서 바꾸어 드립니다.
＊이 책 내용의 일부 또는 전부를 재사용하려면 반드시 저작권자와 (주)푸른책들 양측의 서면 동의를 얻어야 합니다.

＊보물창고는 (주)푸른책들의 유아·어린이·청소년 도서 전문 임프린트입니다.

(주)푸른책들은 도서 판매 수익금의 일부를 초록우산 어린이재단에 기부하여
어린이들을 위한 사랑 나눔에 동참합니다.

그레타 툰베리,
세상을 바꾸다

가브리엘라 친퀘 글 | 바밀 그림 | 이지수 옮김

보물창고

"방을 나갈 땐 불을 꺼야지!"
"양치질할 때는 수도꼭지를 잠그렴!"
"스프레이는 쓰면 안 돼!"
"음식 남기지 마!"
그레타가 어릴 적부터 귀가 아프도록 들은 이야기예요.
하지만 왜 그래야 하는지 말해 주는 사람은 아무도 없었어요.

그러던 어느 날, 그레타는 마침내 학교에서 그 이유를 배웠어요.
바로, 직구 온난화…
…아니, 지구 오락화…
그래, '지구 온난화'!
그런데 그게 대체 뭐죠?

여기, 우리가 딛고 선 땅이 바로 우리의 행성, 지구예요.
지구는 '대기'라는 거대한 투명 망토를 걸치고 있어요.
그 거대한 망토 속에 옷을 껴입거나 단추를 끄르는 것처럼
그 안에서 눈과 비와 바람이 일고, 사람들은 숨을 쉬지요.
이 망토가 제 역할을 못하면 지구는 점점 더 뜨거워져요.

"그래, 그래, 이제 알겠어! 너무 더울 땐, 나도 땀이 나고 맥이 빠지는걸."
그레타는 지구의 심정을 이해했어요.

오늘날, 지구 온난화 때문에
극지방의 얼음이 녹아내리고,
더운 나라들은 바싹 가물고,
비가 한꺼번에 내려서 홍수가 나고 있어요.

"세상에, 이거 심각하잖아!
지구를 위해 당장 뭘 해야 하지?"
그레타는 환경에 대해 배우고, 조사하고, 연구했어요. 그리고 마침내 깨달았죠.
모든 걸 바로잡으려면, 지금 당장 행동에 나서야 한다는 걸요!

우선, 그레타는 자신의 생각을 과감히 외치기로 했어요.
이렇게 심각한 일이 벌어지고 있는데, 왜 다들 조용한 거죠?
각자의 생각을 말하고, 서로 의견을 나눠야 해요!
어떤 의견이든 좋아요.
여럿이 머리를 맞대면, 지구를 구할 아이디어를
건질 수 있어요.

다음으로, 그레타는 지구를 아끼기로 했어요.
환경과 모든 생명체, 그 곁의 작은 식물들까지도요.
다정한 말을 건네고, 관심을 쏟고, 나눔의 손길을 건네는 거죠.
누구든 날마다 조금씩 실천할 수 있는 일이에요.

"엄마, 이제 고기는 안 먹을 거예요!"
그레타가 선언했어요.
환경에 대해 공부하면서, 그레타는 몇 가지 원칙을 세웠어요.
"지역에서 생산되는 식재료를 사고, 영양 성분표를 확인하고(팜유*가 들어간 음식은 안 돼요!), 마음먹은 바를 함께 실천해요!"

*팜유 생산 때문에 많은 숲이 파괴되고 있으며, 숲이 파괴되면 지구 온난화에도 나쁜 영향이 가요.

또 그레타는 일회용 플라스틱 제품을 쓰지 않기로 결심했어요.
낡고 구멍 난 스웨터는 꿰매서 고치고, 작은 병은 재활용하고, 골판지는 변형해서 다시 쓸 수 있었어요!

"저는 스케이트보드로 등교할 거예요."
그레타의 말에, 아빠와 여동생은 자동차 대신 자전거를 타기로 했어요.
엄마 역시 자동차를 포기했지요.
환경 오염은 이제 안녕! 그리하여 그레타 가족은 지속 가능한 에너지만 쓰게 되었답니다.

그레타는 자연에서 일상에 필요한 에너지를 얻을 수 있다는 걸 배웠어요.
태양광 패널을 지붕에 달아 빛 에너지를 흡수하고,
빗물을 모아 텃밭에 물을 주는 데 썼어요.
처음엔 조금 불편해도, 금세 익숙해졌지요.

그레타는 학교에서도 고민을 멈출 수 없었어요. 지구를 살리기 위해 무엇을 더 하면 좋을지 끝없이 궁리했지요.
'학교에서 이렇게 중요한 걸 아무리 많이 배워도, 일상에서 실천하지 않으면 무슨 소용이야? 내 생각을 말하고, 지구를 열심히 아낀 건 잘한 일이지만, 이제 남은 방법은……'

……시위뿐인가?

어느 맑은 아침이었어요.
계획을 짜느라 밤을 홀딱 새운 그레타는 집을 나섰어요.
그런데 그레타가 향한 곳은 학교가 아니라……
의회였어요!

그레타는 가방에서 플래카드를 꺼내 들었어요.
'기후를 위한 등교 거부'
지구를 위해 더 이상의 개발을 멈추고, 모든 걸 바로잡기 위한 시위였어요.

그레타는 매주 시위에 나섰어요.
몇 달 동안 빠짐없이요. 그러자 시간이 지날수록 사람들이 모여들기 시작했어요.

몇 달이 지나자, 곳곳에서 새로운 사람들이 시위에 참여했어요.
전 세계에서, 어른 아이 할 것 없이,
할아버지 할머니부터 어린아이들까지 거리로 나왔지요.
작은 눈송이가 커다란 눈사태로 번지듯 시위의 물결이 이어졌어요.

매주 금요일,
로마에서 뉴욕, 파리에서 호놀룰루에 이르기까지
수많은 사람들이 '기후를 위한 등교 거부'에 동참했어요.
모두의 권리와 정의, 지구를 위해 평화로운 싸움을 이어 나갔지요.
지구를 식히기 위한 사람들의 열정은 뜨거워졌어요.

그래요, 때로는 듣기 거북할지도 몰라요.
하지만 그레타처럼, 당신 역시 목소리를 낼 수 있어요.
아주 작은 목소리일지라도요.
외치고, 행동하고, 맞서는 작은 힘들이 모여서
비로소 세상을 바꾼답니다.